밤의 정화 淨化

인생의 반분이 되어 멍석을 깔아주고 시시때때로 기운이 되어 준 서영석 님과 삶의 의미가 되어 준 혜원, 경원, 강원에게 마음 깊이 감사의 마음을 드립니다.

Purification Of Night
Eden book Selected Poems 001
Poetry by Wolro Yoon
The date of publication : 2016.9.26.
Author : Wolro Yoon
Publisher : Eden book
E-mail : eden-book@daum.net

ⓒ Wolro Yoon, 2016

ISBN 979-11-958684-2-1

국립중앙도서관 출판시도서목록(CIP)

밤의 정화 : 윤월로 시선집 / 지은이: 윤월로. -- 대전 : 이든북, 2016
   p. ; cm. -- (이든기획시선 ; 001)

ISBN 979-11-958684-2-1 03810 : ₩12000

한국 현대시[韓國現代詩]

811.7-KDC6
895.715-DDC23   CIP2016023127

이든기획시선 001

밤의 정화淨化

윤월로 시선집

수많은 날은 떠나갔어도
내 맘의 강물 끝없이 흐르네
그날 그때 지금은 없어도
내 맘의 강물 끝없이 흐르네

새파란 하늘 저 멀리
구름은 두둥실 떠가고
비바람 모진 된서리
지나간 자욱마다 맘 아파도

알알이 맺힌 고운 진주알
아롱아롱 더욱 빛나네
그날 그때 지금은 없어도
내 맘의 강물 끝없이 흐르네

* 이수인 곡 "내 맘의 강물" 로 프롤로그를 대신한다.

차례

제1부 밤의 잠

진주가 되고 싶은 날	13
새벽 연가	14
임 2	16
임 13	17
임 12	18
세례	20
살아가는 법	22
밤의 잠	23
숨바꼭질	24
소금사랑	26
부자	28
생명	30

제2부 기다리지 말자

재회	33
간격	34
밤에	36
풋사랑	38
부부	39
머위쌈	40
친정행	42
연인	43
어머니	44
기다리는 하늘	46
가족	48
친구 2	50
동기同氣	51
산이 되어	52
자유인	54
기다리지 말자	55

제3부 벚꽃 숲

도솔산 —————— 59
벚꽃 숲 —————— 60
계룡산 초하 —————— 62
천호산 스님 —————— 64
해인사 —————— 66
월정사 —————— 68
밤의 정화淨化 —————— 69
아로마 —————— 70
일상 —————— 72
노을 —————— 74
밤夜은 —————— 76

제4부 겨울꽃

새순	81
버들벚꽃	82
벚꽃길	84
오동나무꽃	86
자귀나무꽃	88
능소화	90
싸리나무꽃	92
노랑 장미	93
상사화相思花	94
샐비어	96
코스모스	97
겨울꽃	98
갯버들	100
꽃양귀비 밭	102
동백	104
지는 꽃	105
봄사과	106
모과	108

제5부 꽃이 되어

꽃은 1 ——— 111
꽃은 2 ——— 112
꽃은 3 ——— 113
꽃은 4 ——— 114
꽃은 5 ——— 116
꽃은 6 ——— 118
꽃은 7 ——— 119
꽃은 8 ——— 120
꽃은 9 ——— 121
꽃은 10 ——— 122
꽃은 11 ——— 123
꽃은 12 ——— 124

책장을 닫으며 ——— 126

제1부

밤의 잠

진주가 되고 싶은 날

일상을 내려놓고 돌아서서
오늘은 당신께
진주로 빛나고 싶은 날

천 날, 만 날을
뜻과 정성과 힘을 다하여
피와 눈물을 쏟아 붓고
살과 뼈를 썩혀

구름 색 혹은 안개 빛깔
아니 둥근 한 알 이 목숨 그대로
당신 앞에서 오롯이
정결한 눈물로 빛나고 싶은 날.

새벽 연가
— 부활절에

믿음의 시내川
성도의 진실 잇고 흘러 강물로
환희의 바다 이루다

교만의 상처 요르단의 강물로
맹목의 상처 실로암의 호숫물로
죄악의 상처 용서의 눈물로
모두 그가 씻기우시고
다만 그의 피를 마음 문에 바르기만 하면
가슴 속 깊은 곳에 십자가를 간직하기만 하면
찬란한 햇빛 되어 우리를 비추이시다

이 편 양지로 들어서시지요
드레스, 베일, 옥합…
모두 준비되어 있으니
이제 좁은 길로 그를 맞으러 나갑시다
순결의 머리칼 나부끼며

바다가 보이는 언덕 새벽의 골고다로

작은 등, 마음과 성품과 뜻으로 심지 돋우고
마리아, 그 회심의 여인처럼
새벽길 걸으오리니

빛과 진리를 기리는 마음 안에
비둘기 되어 하얀 주님
어서 오시옵소서.

임 2

바다이었을 때
멀리서
파도와 수평선을 구경하였다

산이었을 때
몇 걸음 다가가
바라보았다

바위이었을 때
살짝 기대어 섰다

조약돌이었을 때
겨우
시냇물 이야기를
들을 수 있었다.

임 13

가까이 난을 기르다가 이윽고
청초히 꽃피어 스미는
향기

오월의 하늘 맞닿은 먼 산
넉넉한 푸르름

뵈옵고 돌계단 내려오다
문득 되돌아가
다시 뵈옵고 싶은
석굴암 불상 온후하신
그 모습처럼

임은 내게서
늘상 은은하고
푸르르고
그리고 잔잔히 웃고 계신다.

임 12

푸근한 산자락마다
순결한 눈
늘 푸른 소나무 숲 사이로
겨울은 익어
하늘은
아버지의 마음처럼
여유로웁네

언뜻 보아도
낯설지 않고

보아도
보아도
싫증나지 않는

당신이여

동양화처럼
내 안에 계신이여.

세례

스테고사우루스*1나 프테나로돈*2처럼
이름은 알지만 기억 속에서는 아득한
그런 일일 수도 있다
엄마나 아빠, 할머니나 할아버지처럼
언제까지 함께할 수는 없지만 아주 친숙한,
오래된 거울이거나 녹슨 열쇠일 수도 있다
벅차게 많은 숫자로 잘 읽을 수도 없는 잔고의
예금통장처럼 생각할 때마다
든든한 소유, 깊이 감춰둔 보물
언제나 네 것이다

모든 사람들이 그랬듯이
아무도 가보지 않은 오직 너 혼자
바라고 그리면서 만들어가야만 하는 길
기쁨과 슬픔, 속삭임과 외침으로,
혹은 양지와 그늘을 넘나들 수많은 날들
부딪치며 걷고 뛰고 건너야 하는

생生의 도정道程일지라도

결코 겁내지 마라
두려워하지도 말라
당당하게, 결판지게 한 세상
신나게 노래하고 춤추려므나

세상이 줄 수 없는,
세상이 알 수도 없는
큰 평안의 샘을 정수리로부터
영혼 깊은 곳에 담은 오늘은
네 생애 첫 번째 축제의 날.

*1 쥐라기시대의 등에 지붕 없은 초식 공룡
*2 날개가 있는 백악기의 잡식 공룡

살아가는 법
― 소유 12

남에게 줄 줄도,
남한테 받을 줄도 알기

배부르거나, 굶주리거나
넉넉하거나, 쪼들리거나
비천하게도, 풍족하게도
사는 법을 터득하기

고통은 사람을 크게 만들고
기쁨은 사람을 영글게 하나니

어떤 일을 당해도
모든 것을 견디고
모든 것을 이루기

그 안에 나를 그리고
내 안에 그를 새기기.

밤의 잠

용서하리라
모든 것을 용서하리라
부끄러운 모습들을 감춰주시며
그는 매일 매일 용서해주신다

용서하시려고
부드러운 어둠으로 감싸시며
더욱 부드러운 달빛으로
사랑스레 내려다보시며
아름다운 별들로
사뭇 다정스럽게 위로하신다

천번 만번 용서하시려고
밤마다 포근한 잠을 주시는 당신
당신께로 돌아가는 깨지 않는 잠은
얼마나 더 달콤하고
얼마나 더 포근하랴.

숨바꼭질

몇 십 년을 두고 내내
나는 당신을 찾으러 다녔습니다
하지만 오늘은 당신이 술래입니다
나를 찾아보세요
대문 뒤도 아니고
장독대 틈새도 아니고
향기 가득한 꽃그늘은 더욱 아닙니다
들키지 않게 몸을 낮춰 숨을 죽이고
구겨져 앉아 있으려니 심심해지데요
객쩍게 손 넣은 호주머니에서 나온 건
아무렇게나 구겨진 악보 하나
쉼표 없는 음악처럼 숨 가빴던 나의 노래
천천히 네 귀퉁이 맞추어 다시 잘 접어 넣고
머리카락 한 올 남김없이 감춘 채
꼭꼭 숨었는데
이런 나를 알아채지 못한 당신은
나를 찾아 애먼 다른 곳만 기웃거려도

오늘은 뛰어나가 찜할 생각이 전혀 없습니다
그냥 이대로 숨어있고 싶어요
오래오래요.

소금사랑

세상에서 가장 너른 바다 속에서
잔뼈가 굵어
성품도 좋지
누구도 가리지 않고
잘 어울리는구나
세상에서 가장 부드러운
물의 품안에서 자랐음에도
돌처럼 단단한 기상
나무랄 것 없이
장하구나
세상에서 가장 밝은 빛과 별 속에서
목이 마르도록 몸을 태웠는데도
눈부시게 흰 살결
마음까지도 그렇게
맑고 투명하겠구나
그럼에도 불구하고
행여 제 모습 드러날까

숨고 또 숨고
녹고 또 녹아져내려
목숨 걸고 썩어질 것들을 지키든가
오직 맛을 위하여
전 생애를 포기하는
눈물겨운 의지

— 소금
너는 사랑의 진면목이다

부자
— 소유 5

숙제를 하다가 잠이 든 어린 조카 옆
파스텔톤의 '백설공주' 커다란 필통 속에
하나 가득 무늬도 예쁜 길쭉길쭉한 연필들

나는 문득 부자가 된다

새 연필이 금세 몽당연필이 되도록
깎고 또 깎아도 속절없이 부러지던
생나무 그대로였던 가엾은 비둘기표
내 어릴 적 연필이 생각나서

어쩌다 백화점에 들를 때면
층층마다 가게마다 가득가득 쌓인
눈이 부시도록 화려한 풍요로움

나는 문득 갑부가 된다

제주섬 사월 너른 유채꽃밭
밭주인 아니어도 그 황홀함
모두 다 내 것인 것처럼.

생명
— 돈오 3

오늘, 나의 일용할 양식을 위하여
생명들이 죽었다.
쌀의 생명, 콩의, 시금치의,
호박의, 멸치의, 다시마의,
양파의, 닭의……

결코 성찬盛饌이 아니었는데도
한 생명을 살리는
하 많은 생명들의 희생

(그러고도 감히 나는
 생명을 사랑한다고 생각한다니!)

오호, 생명만이
생명을 살릴 수 있는
생명의 죽음, 생명의 고리
생명의 신비여.

제**2**부

기다리지 말자

재회

지난번에는 세월이
너의 이마에 흩날리더니
오늘은 나의 눈가에도
부끄럼 잘 타던 두 뺨에까지

쓸데없는 이야기들이
사람과 사람 사이를 조금은
쓸 데 있게 하는 귀한 이 밤인데

우리는 시간의 풍화작용 속에
두 개 큰 바위처럼

어둠 속에서도 타오르고 있는
붉은 가슴은 오히려
아무 것도 태울 수 없어
다만 혼자서 반짝이는
한 마리 반디.

간격

모습이사
보이건
보이지 않건

안개가 몰려다니는 저자市에서
살별이 달려가는 들길에서
마리아의 푸른 옷자락 곁에서

정결히 손을 씻고
가슴을 여미고
황홀히 빈 항아리를 받쳐 안고
검은 기도를 줍는다

한 발자국 다가서면
물러나 다시 그만한
간격

보이지 않아 손짓을 하면
바람이 대신 대답을 주어
마음을 쓸어내리는
순례의 기나긴
행렬

모습이사 보이건
보이지 않건
우리는 늘 마주보고 서 있다.

밤에

밤의 날개 아래
함께 앉아 있노라면
마음은 마음을 들여다보고
눈은 눈으로 이야기 한다

잉크 빛 어둠 속에 두 손을 깍지 끼고
나란히 앉아 있노라면
기쁨은 기쁨끼리 이야기하고
슬픔은 슬픔끼리 손을 잡는다

그리곤 한 없이 착해지고 싶다
한 없이 낮아지고 싶다

밤의 크나큰 눈동자 속에
이렇게 마주앉아 있노라면
누구라도 비둘기가 될 수 있다
양이 될 수 있다

지순한 밤의 입김 속에서
너와 난
말 없는 한 송이 꽃이 될 수도 있다.

풋사랑

우리는
매일 만나야 하고
자주 손 붙잡아야 하고
자꾸 바라보아야 해

두 영혼
이야기들이 넘쳐 흘러가버릴 테니까
주거처럼 마음도 멀어져 갈 테니까
시들고 시들어 그리움 증발해버릴 테니까.

부부

'뿌리 깊은 나무'*1
긴 기다림
외곬의 정
단순 속에서 움튼 결벽
늘 돌이켜 사랑하는 마력

매일처럼 끝이 보이고
그래도 정말 끝은 오지 않는다

미운 정 다음에 고운 정
이제 '사랑'이란 말은 없이
사랑 그 자체만 안개지어 다니는
침착한 밤
비둘기 나는 새벽

언제라도
'꽃 좋고 열매 많으리니'*2

  *1, *2 - 용비어천가 중에서

머위쌈
― 시모님 7

그리도 나물을 좋아하신 시어머님 곁에서
철 따라 나물걱정을 하던 날들 속에
봄이면 상에 놓을 수 있어
반갑던 머위쌈

시집와서 두 아이의 어미가 된 늦은 봄까지도
왜 쓴맛을 단맛 삼아 드시는지
몰랐었지

어머님 가신 지 두 봄이 지나고서야
쓴맛이 단맛보다
더 좋은 맛인 것을 깨닫는
어둑한 나의 미감

살으실제 마주앉아 먹었더라면
더 좋았을 것을
아니다, 어찌 그 뿐이야

무엇 하나 흡족하게
아해해 드린 것이 있었던가

연잎마냥 곱던 초록이
숨도 못 쉬게 아무렇게나 구겨져
풀 죽은 청록잎을
죄스런 마음으로 살며시 펼쳐
이제는 나도 어머님처럼
머위쌈을 싼다.

친정행
— 시모님 11

다녀올까요?
남편 눈치 보아가며
괜스레 주눅 배인 물음에

어머님의 시원한 허락하심
친정은 어머니 한 분 안 계시면
발걸음조차 멀어지는게다
살아계실 제 자주 다니거라

담 너머 옆 집 자귀나무꽃이
나보다 더 활짝 웃고 있었지.

연인

실눈을 뜨고 찬찬히
들여다보면
마음 한 쪽 열려
상긋한 풀 냄새
스며날 것 같은

두 눈을 크게 뜨고
먼 데 하늘을 바라보면
가슴 살짝 열려
가느단 솔바람
나붓거릴 것 같은.

어머니

하루를 밝히는 건 태양만이 아니다
눈물로 닦고 또 닦는 근심이
어둠을 걷어내고
깊은 소원에 날개를 달아
새벽을 열고
목숨을 태워 오늘이 또 밝아온다

풀잎처럼
슬픔보다 먼저 슬프고
기쁨에 앞서 기쁘다

밟히고, 차이고, 뽑히고…
쇠잔해진 무릎
서럽도록 시달려도 이것이
내 몫의 아픔

쓰러져

자연으로 돌아간다 할지라도
나 서둘러 두엄이 되어
온몸 뜨거운 열기로 다가가
꽁꽁 언 너의 발을 적셔주마.

기다리는 하늘

갓 시집와서 몇 년은
틈만 나면
친정이라는 낯선 이름으로 달려가던 우리 집
그래도 날마다 허기지던 어머니 그리움은
흐르는 세월에 바래고 일상에 지쳐
엷은 물빛으로 녹아내리는데
아이들의 키 따라
점점 멀어지는 어머니의 집

그리움은 어느 새
그 분의 하늘이 되어 있었네

삼십 수년 붙들렸던 일터 벗어나고도
시간표 따라 스스로 허둥대는 딸을
차라리 긍휼히 여기며 몇몇 해를
또다시 기약 없는 그리움에
당신을 우리시는데

이 봄, 짙푸른 하늘 가리며 눈발처럼 흩날리는
봄 꽃잎들에게 가슴 한쪽 뚝 떼어 맡겨버리며
드는 생각

어머니, 어느새 저도 당신처럼
날마다, 날마다 기다리는 하늘이 되어 있었네요.

가족

굴참나무, 떡갈나무, 산수유, 싸리나무
조선 소나무
다른 모습으로
제각기 홀로 서서
살아간다 우리는

서로를 바라보며 키도 재보고
유순한 초록 나부끼며 날마다 웃는다
향기 좋은 꽃도 피운다

때로는 까치부부가 찾아오고
다람쥐, 토끼도 놀러오고
철든 산꿩 소리 시나브로 넘나드는
아늑한 숲

머리 위 하늘은 넓고 푸르러
계절 따라 맛도 다른 비바람 머금어

단단한 열매 영그는
산에 나무처럼 굳게 뿌리 내린 우리는
가족.

친구 2

더 큰 사랑은 열매이다
꽃이 아니다
더 큰 생명은 뿌리이다
무성한 잎이 아니다
더 큰 기쁨은
노래가 아니다
넓은 침묵의 그늘이다

더 큰 아름다움은
목숨과 목숨들이
마주보며 숲이 되어
같은 하늘을
숨쉬고 있다는 것이다.

동기同氣

살다가 문득 만나도
벼르고 별러서 긴 기다림 끝에 만나도
만남만으로도 행복해서
서로를 바라보는,
무슨 이야기를 해도 다 내 일처럼 생각하고
침묵조차도 달게 나누어 갖는
삶의 쉼표

보고 또 보아도 싫증나지 않는 소중한,
더없이 소중한 한 가지枝, 같은 기운氣

산이 되어
— 모든 자식 된 사람들에게

네 모습 그리며
봄바람 속에 꽃 잔치 벌인다
허나 세상에 어떤 꽃이 있어 너보다
더 아름다울 수 있으랴

꽃들이 숨고 나면
갖은 잎새로 하늘 덮어
넉넉한 숲 그늘로
손 내미는 그리움
세월에 지쳐 고독해진 이마 위
비껴가는 구름을 부르면
네 어릴 적 추억 이야기로
쏟아지는 여름 소나기

행여 달려가던 발걸음 잘못되어
넘어져 아픈 상처는 없는 건지,
먼 곳의 외로움에 혼자 눈물 닦을라

어쩌면 너의 웃음 훔치려는 어둠 있을까 몰라
근심으로 붉은 가을 산

산이 좋아서 품에 안기다가
너무 험하다 돌아선대도
세상에서 너를 만나던 첫날의
그 기쁨에 취하여
골짜기마다 봉우리마다
하얗게 쌓이는 짝사랑.

자유인
— 돈오 2

홀로 있으며 외로움을 사랑하는,
여럿이 함께 있으며 외로움을 견디는,
보이지 않는 날개로 유랑하는 바람을 이해하는,
어느 곳에도 머무르지 않는 구름을 사랑하는,
두 번 생각하지 않고도 타인의 자유가 허락되는,
무한한 어둠과 빛의 생성 속에
무덤 없는 꽃들을 아파하는,
젊어도 젊지 않고
늙었어도 결코 늙지 않은,

감추인 영혼이 하도 맑아
아름다운 사람아.

기다리지 말자

세월처럼
한 번 떠난 사람은
결코 돌아오지 않는다
설령 그가 돌아온다 할지라도
그 사람은 이미 시간과 함께 변한
다른 사람일 뿐
지난날의 그 사람은 아니다

새싹이 나서
세월에 섞이어 잎이 되고
꽃이 피는 것 같이
그도 그렇게 변했으니까
나도 모르게 변해버린
바로 나처럼.

제3부

벚꽃 숲

도솔산

건듯 바람 부는 날이면
부드러운 햇볕이 골목길을
서성이는 날이면
마음이 무거워져
나도 나를 어쩌지 못하는 날이면

살며시 불러내
낮고 편안한 제 등에 업히란다
내원사 뒷산
도솔산.

벚꽃 숲
― 테미공원

큰 구름이 웃네
파안대소

지난겨울 동안거* 후
문득 깨달음
내내 감추어 보아도
숨길 수 없는 기쁨
빈 하늘로 고개 젖히고
속 한번 후련하게
있는 힘껏 웃어 보았네

웃다가
하도 크게 웃다가
슬몃 눈물이 났네

기쁨과 슬픔은
서로 다른 끝의 한 끈

이제는 풀어버리려네
하르르 하르르 조각내어 떠나보내며
웃음도 눈물도 모두 거두려네
구름이 떠나고 나면 이윽고

산에는 숲
홀로 남겠네.

* 동안거(冬安居) : 佛家에서 겨울 3개월 동안 일정한 곳에 머물며 修道하는 일

계룡산 초하

하늘 아래 눈 닿는 곳이면
어디든 푸른 외침으로 가득한
초하의 성화에 못 이겨
우리는 칠월 속으로 쓰러졌다

진초록 나부끼는
충청도 벼 포기들의 실한 노래며
큰 형님 같은 느티나무 그늘 아래서
여름은 바람으로 자라고
무성한 나뭇잎새로 철이 들어간다

공암리 접시꽃 아담한 흙담을 돌아
등 굽은 조선 소나무 숲을 건너
물소리조차 시원한
중장리 갑사 계곡

때 묻고 메마른 마음

아무데나 슬쩍 내던져도
금방 푸르게 씻어
되돌려 주는
넉넉한 계룡의 품안

우리는 벌써
첫여름의 유혹에
발목 잡혔다.

천호산 스님

바람이 하는 말
구름이 하는 말
날마다 다른 저 발음들
날마다 다른 저 언어들

자고 깨면 슬며시 차오르는
샘물의 이야기도 나는 듣소
늙은 감나무가 엄나무 업고
세월 살아온 이야기를
몰래 듣기도 하오

그 옛날 개태사*
천 명 도반들의 힘찬 외침
계백의 슬픈 용맹
견훤의 푸른 의기
난리통에 귀하신 우리 부처님
땅 속에 묻혔다던 이야기도

나는 듣고 또 듣소

오늘처럼 하 무더운 날이면 툇마루 끝에 앉아
산바람 즐기는 동네 할아버지의 손주자랑도
안골 할머니의 구슬픈 시조 가락도
나는 즐겨 듣소

무심한 눈동자 열려있는 귀로
하고픈 말을 모두 해내는 재주로
나는 이 산에 머문다오
보시오, 우리 부처님 귀가
저리도 크지 않소?

* 개태사 : 충남 계룡시 천호산에 있는 절 이름

해인사

먼저 마음을 씻어요
그 다음엔 발을

갈 길이 막히면 휘돌아서 가요
생각이 막히면 천천히 흘러요
기쁨이나 슬픔이 넘치면
이렇게 소리치며 달려봐요
꾸민 얼굴도 씻어요
일곱 가지 정념까지도
다 떨구어요

구름도 바람도
오월의 푸르름까지도
함께 떠나온 길이지만
골짜기 굽이굽이
실은 혼자예요

혼자서 걷고
혼자서 뛰고
혼자서 흐르고, 돌고, 또 돌고
이제는 가슴 속에 고인
그 눈물까지도 씻어버려요

물 속 바위마저도
바다만큼이나 슬기로운
가야의 품 안
맑디맑은 해인의 계곡에.

월정사

마음조차 서늘해지는
오대산 숲속으로
울창한 긴 그늘을 지나
따뜻한 볕만 모여
아늑한 이 곳
담백하기 이를 데 없는
우람한 기와지붕
정말 달의 요정이 내려와
속삭일 것만 같은 곳

그냥 눌러 살고 싶다
숲 마시며
달 마시며.

밤의 정화淨化
— 병상일기 · 5

빛이 빗장을 닫아거는
어둠에 감사한다
때로는 기억하는 것보다 잊는 것이
더 중요하다

어둠이 짙을수록 별의 반짝임이
잘 보이는 것처럼
망각도 더 깊숙이 가라앉을수록
대신 지혜가 반짝일 수 있으리

어둠이 걷히면
새로운 또 한 날이 시작되는 것처럼
어두운 밤의 공기에 정화되어
새로 태어난 나를 가질 수 있음을.

아로마
— 병상일기 · 18

오래 전에
햇빛과 바람을 닮은 착한 사람들이
꽃씨를 심고, 장미나무를 가꾸었을게야
달빛과 구름을 가슴에 품은 사람들이
정결한 화액花液을 뽑아냈을게야

어둠을 헤치고
미세한 바람을 따라
달빛 속으로 고요히 흩어지는 건
수많은 사람들의 땀과 한숨

사고팔기를 반복하며
손과 손을 이어 그들의
소중한 밥과 희망이 되었을
바람을 따라, 구름을 따라
긴 시간 더불어 내게로 왔을
오묘한 향기는 차라리

눈물일게야.

일상

먼 길에서 돌아와
말강물로 깨끗이 세수를 하고 나온
햇살의 아침
너그러운 빛 가로질러
눈썹처럼 걸려있는 빨랫줄
간지러운 듯 목젖 떨며
옆으로 드러눕는 식구들의 옷들
날마다 있는 일이지만
진득한 일상 속에
편안히 안겨있음을
감사

책 속에서 조차 한없이 속상했던
1900년대 일장기 아래 한반도의 35년,
엄마만 옆에 있으면 아무렇지도 않을 아기였을지라도
전해 듣는 이야기 들을 때마다 실감나게 두려운 625.
419, 516, 518… 숫자만으로도

코끝을 파고드는 비릿한 피냄새
행여 그런 일이 또다시 일어난다면
나 어떻게 이런 천연한 마음으로
빨래를 널 수 있을까.

노을

무엇보다 내 몸이
건강하던 나를 잃고
마음처럼 움직여지지 않는 큰 아픔으로
긴 하루를 살아낸 가엾은 사람들이 있어서

온몸과 온 마음으로
오롯이 하루를 바쳐 일을 해도
무거운 노동이 세끼 밥이 되지 못해
그늘에서 지낸 추운 사람들이 있어서

돈이나 권력, 폭력 앞에 자유롭지 못한
작은 나를 잃고
뜨거운 눈물이 발등을 적시는
억울한 사람들이 있어서

백분의 일초보다 더 짧은 순간에
나를 버리고 참을성 없이

내 식구, 남의 가족을 괴롭힌 죄로
자유를 묶인 서글픈 사람들이 있어서

오늘도 이렇게
신열이 오른다
애가 탄다
마음이 활활 불이 붙는다
어찌할 수 없는 뜨거운 침묵으로
나를 보낸다.

밤夜은

모든 것이 변한다
역사의 여울을 따라 없어지고 생겨나고
도시도, 사람도, 문화도, 문명도
세상의 것은 다 변한다
세월에 떠밀려,
온 세상이 빨리도 변해가는데
오래오래 변하지 않는 한 가지
해 지면 밤이 오는 것
어둠은 지혜와 함께 다가와
우리를 껴안으며 부드럽게 말한다
괜찮다 다 괜찮아진다
오늘의 슬픔은 오늘로 족하다고 했다
설움도 아픔도 이제 그만
눈물을 닦고 바라보아라
하루치의 평화가 저 멀리 하늘에
빛나는 별들을 데리고 찾아와
절망의 가슴에 따스한 등불을 켠다

꼭 쥔 주먹도 구겨진 마음도 다 펴놓고
편히 쉬어라
모든 것은 다 지나간다

하루의 끝이 어둠인 것은 아마도 수많은
상처들을 싸매고 위로하기 위함일 것이다
밤은 눈을 감고 무수한 이슬로
밤을 새워 울고 있는 것을 보면.

제4부

겨울꽃

새순

순한 연둣빛
앳된 미소
시린 햇살도
어지러운 바람도
거스르지 말라
거칠고 단단한 줄기를 딛고
새로 태어나는 당찬 결심

꽃
끝없는 생명을 위하여.

버들벚꽃

꿈꾸는 건,
날마다 기뻐하기
무슨 일에든 감사하기
병들거나 울고 있는 이웃을 위하여
많이 위로하고
많이 기도하기
생각해 보면
내가 서 있는 이곳이 땅 끝이며
샹그릴라*1

산에서 날마다 강을 꿈꾸며
봄 아니어도 사철
늘어진 버들가지 끝에 주렁주렁
빛나는 시간을 매달고
거꾸로 세상을 바라보는

버들벚꽃*2 한 그루
가슴속에.

* 1 버들벚꽃 : 가지가 수양버들처럼 늘어지는 벚꽃 종류로 원래 이름은 처진올벚.
* 2 샹그릴라 : 1993년 영국의 소설가 제임스 힐튼의 소설 '잃어버린 지평선' 속에 나오는 이상향이라는 의미의 지상낙원.

벚꽃길

만나러 간다는 생각만으로
나서기도 전에
즐거운 그리움
저 멀리 어렴풋이 보이기 시작하면
오랜만에 찾아가는 내 집인 양
고동치는 맥박
잠시 다독이고
멀리서 봐도 곱다 참 곱다
서둘러 다가가
훈훈한 바람 더불어 마주 서면
싸락눈처럼 흩날리며
자분자분 내려앉는 꽃잎들
늙으신 어머니의 애잔한 웃음소리
젊을 적 그 분의 이성理性처럼
투명하고 짙푸른 하늘
송이꽃들에 가려 아련히 멀지라도
한 송이 한 송이 눈물 나게 예뻐서,

어린 날 고향처럼 마음 편안해져서
연분홍 봄의 심장 속에
오래 서있네.

오동나무꽃

시들어
맥없이 누운
흩어진 오동꽃 위에
새로이 떨어지는 꽃들

지나간 일들이사
무에 그리 소중하겠는가
그러나
보이지 않는 것은
보이는 것보다 늘 더 소중한 것

죽어 있는 꽃들이
모두 일어나
춤을 추며 강물 따라 간대도
기억 속의 네 이름은
오히려 꼿꼿하다

나무 옆에
너의 이름
너의 모습
쌓이고 또 쌓인다.

자귀나무꽃

티끌 한 점도 허락하지 않는
명경지수 깊은 곳에
감히 당신의 이름을 모셔놓고
천 날 만 날의 기원도 소용없이
사랑보다 턱없이 약한 육신
아주 잠시 넋을 놓고
잠이 들었네

춥고 배고픔에 지친 쓰디쓴 자유
긍휼히 여기신 선덕*1
천한 몸 위에 거룩한 사랑의 징표*2
당신은 그렇게 내게로 오시어
기쁨으로 타버린 간절함
올올이 찢으며 하늘을 우러러
바람 속에 우네

울다가 울다가

어둠 속에 온몸 접고.
한스런 붉은 마음만 깨어
빈 하늘로 솟구치는
애달픈 사랑

지귀志鬼*3의 나무
자귀나무꽃.

*1 지귀 : 신라시대 선덕여왕을 사랑한 거지, 설화의 주인공
*2 선덕 : 신라 제27대 임금
*3 징표 : 선덕여왕이 잠든 지귀에게 주고 갔다는 황금팔찌

능소화

꽃아 피어라
그리운 생각만큼이나
돋아난 봉오리가
다 필 수는 없다 해도

꽃아 피어라
화사하게
그러나 요염하지 않게

강물이 흐를수록
잎도 더 무성하고
무성한 잎처럼
건강하게 떨구어버리는
첫 번 그리움의 기억들

꽃아 피어라
핀 채로 스러지고 또 스러져도

뿌리는 더 깊이 흙속으로 벋어
내 가슴도 향기로운
흙내음으로 가득하여라.

싸리나무꽃

겨울을 떠나보내고도
나지막한 산골짜기 숨어있는 눈

신부 아니어도
섬세한 정성의 웨딩드레스
존재 하나만으로도 행복하여
기쁜 일 없어도
지족의 맑은 웃음

너를 볼 수 있는
나의 사월은 언제나
눈부신 새벽

노랑 장미

어떤 꽃들 속에
묻혀 있어도 너의 모습은
금방 눈에 띈다

수많은 장미꽃들 속에
숨어 있어도 너의 모습은
내게 금방 들켜버린다

수줍은 듯 대담한
도도한 듯 다정한
노랑 장미.

상사화 相思花

소망을 거름 삼아
땀과 눈물을 흙 삼아
시간 속에 목숨을 녹여
뽑아 올린 내 푸른 이파리들
그러나 함께 할 수 없다는 운명을
순리로 받아들여 너를 보낸 후
피어난 자유
하지만 '보고 싶은 마음 호수만 해서 눈을 감는다는'*
시인의 말도 내게는 전혀 위안이 되지 않는구나
심술 난 아이 주저앉아 생떼 쓰듯
첫눈 오는 날 추억 찾아 헤매는 연인인 듯
뜨거운 손 사방으로 사래질 치는
너를 향한 간절한 그리움
올올이 찢겨진 가슴
애잔한 꽃송이 따라 긴 한숨으로 벋어
참으면 참을수록 쓰라린 하늘

네 생각에 절어 온종일
나는 목이 마르다.

* 정지용의 시 「호수」

샐비어

꽃 속에도 불이 들어있음을 몰랐다
마냥 이쁘고 고운 줄만 알았는데
쳐다보고 어루만지며 마음 놓고 웃다가
화상을 입었다
평생 낫지 않을 수도 있는
3도 화상이다

시시때때로 가슴 속이
욱신욱신 화닥거린다.

코스모스

정성으로 가꾸는 이 없어도
잘도 자라서
눈여겨주는 이 없어도
스스로 가슴을 열고
길 가 아무데서나
바람을 잠재우고
찬비를 달래고
달빛을 밝히고…
떠나는 이들을 축복하고
떠나고 싶은 이들을 위로하는
신의 만딸이여.

겨울꽃

힘겹게 자란 태가 역력한 굵은 줄기 끝에
연보라색 꽃이 피었다
겨우내 눈에 잘 띄지도 않는 곳에서
저 혼자 겨울을 난 것도 대견한데
봄이 시작되기도 전에 예쁜 꽃까지 보여주다니

죽을 준비를 하며 살면
더 높은 삶을 살 수 있다는
헤세의 싯귀를 본 후
그렇게 살려고 애는 써왔지만
어떻게 하는 것이 죽을 준비인지
더 높은 삶은 어떤 것인지
언제나 숨어있는 해답은 어디에도 없다

이름 모를 겨울 꽃처럼 온몸으로
겨울 같은 세월을 헤치며 살던 우리가
생명을 내보내신 그 분께 간다면

어느 누가 언제 간다 해도
그 분은 칭찬해주실 것이다
결코 내가 선택한 삶 아닌데도
잘 견디며 살고 왔다고.

갯버들

숨 살이, 뼈 살이, 살 살이
삼색 꽃 가슴에 품고
깊고도 험한 저승을 건너는
세상이 다 외면하고 버렸어도
나는야 공주

열 두 지옥을 넘고
해동청 보라매도 쉬어 넘는
철성을 넘어
석삼년 모진 고생 끝에
구천의 목숨도 구하는
무장승의 약수를 안고
재촉하는 바쁜 걸음

기쁨이 설움 되고
설움은 한이 되어
맘껏 너울대는 해금*1소리

유현과 중현
단 두 줄에 혼을 쏟아
자지러지는 율과 박
갈기 휘두르며 말 달린다

바리데기*2의 참을 수 없는 진정
갯버들 춤춘다.

---

*1 해금 : 깡깡이라고도 하며 서양악기 바이올린과 비슷한 소리를 내는 2줄 찰현악기로, 악기를 켜는 활시위는 말총으로 만든다.
*2 바리데기 공주 : 딸만 일곱 낳은 왕인 부모에게 버림받은 막내딸로 부모의 병을 고치기 위하여 온갖 고행을 견디고 자신의 일신을 바치면서 약수를 구해 내고야 마는 전설 속의 정성 어린 효녀.

꽃양귀비 밭
— 중국 쿤밍 대관루에서

서시*도, 왕소군*도 아닌
베토벤의 '엘리제'가 보인다
곱디고운 핑크빛 원피스
리본 살짝 나풀거리며 추는
왈츠 혹은 폴카

안데르센의 '엄지공주'
깜찍한 노랑 잠옷
가만히 귀 기울이니
브람스의 자장가

하얀 스란치마 살몃 걷어 올리며
내딛는 버선발
호동의 사랑스러운
낙랑도 보여

수많은 엘리제와 낙랑과 엄지공주들

능소화보다 고운 함박웃음으로
천지가 다 눈부신데
한 잠만 더 자고나면
고치를 뚫고나올
우화등선羽化登仙 나비들의 꿈
화사한 빛깔의 축제

잠깰라, 짐짓 조심스러운
나그네들의 발걸음.

* 서시, 왕소군 : 중국의 절세 미녀들

동백

푸르렀던 세월 모두 떨구어내고
나무들 제각기 생각 속으로 침잠하면
비로소 문 열리는 우리의 푸른 겨울
칼바람 온 산을 헤집고 쏘다니거나
자장가처럼 살금살금 다가와 쌓인 눈
허약한 가지 냉정하게 분지르거나
숱한 날
어둠보다 더 두터운 혹독한 고독
홀로 맞서다가,
맞서다가
꽃바람 눈 뜨는 봄날
서둘러 떠나는 세월 뒤로하고

미륵의 얼굴로
돌아서는 길.

지는 꽃
— 소유 7

꽃은 진다
피었던 모든 꽃은
시들어 진다

어둠 속에 뿌리 내려
생명을 길어 올리고
태어난 빛깔 그대로
잠시 세상을 살다가
때묻지 않고
차라리 시드는

지는 꽃은 아름답다.

봄사과

겨울잠을 자다가 이끌려 나와
일용할 양식이 되어
번뜩이는 칼날에 온몸을 바친다

세상이 온통 즐겁기만 했던
꽃이던 시절에도
느닷없는 추위와 비바람까지
자주 목숨을 위협했지만
세월들 녹여 찬란한 열매가 되었는데
그 시간들 오롯이 준엄한 생명이었는데

나는 숨을 가다듬고 비장한 마음으로
너의 심장을 찌른다
오래도록 간직해온 홍건한 네 눈물에
뜨거운 눈물을 덮지만 나는 차마
네 아픔을 가늠할 수도 없는 것을
아, 너는 오늘 내 생명의 밥이 된다

그리고 나도 너처럼 시간을 뚝 잘라
곱게, 아주 곱게 갈아서
또 다른 생명의 밥이 된다
우린 그렇게 죽어가고
우린 그렇게 살아가고.

모과

얼마나 올곧은 의지로 견디어야
얼마나 진한 사유 속에서 정진해야
얼마나 순전한 마음으로 스스로를 다스려야
그렇게 한 가지 색깔로 빛날 수 있을까

일곱 번씩 일흔 번이라도
넉넉히 용서하려는
온몸 선연한 노란 빛.

* 미국 플로리다 브로크릴 마을에 살던 빙고라는 남자가 4년의 옥살이를 끝내고 고향으로 돌아가던 날, 마을의 커다란 참나무에 그를 용서한다는 아내의 노란손수건이 나무 한가득 매어있었다는 이야기가 있다.

제5부

꽃이 되어

꽃은 1
— 사랑 있으니

사랑했으니
꽃으로 태어날 수 있었지

사랑 있으니
웃을 수 있지

사랑 때문에
눈물 참으며 열매 익히지.

꽃은 2
— 꽃은

꽃은 자신을 위해서
꽃 피지 않는다

나무가 결코 자신을 위해서
열매를 맺지 않는 것처럼.

꽃은 3
— 어울림

너의 날숨으로
내 들숨이 편안하고
나의 날숨으로
너의 생존이 이루어지는
절묘한 어울림

꽃은 4
— 인내

눈 녹으면 그 자리서
싹을 틔운다
빛이 조금 덜 와도
볕이 너무 따가워도
그냥 견딘다

바람이 불면 부는 대로
마냥 흔들린다
비 오면 오는 대로
마다 않고 흔쾌히 다 맞는다

오로지
성실하게 나의 꽃을 만들고,
내 열매를 염려할 뿐
부러워하거나
시기하지도 않는다

그래서 꽃은
끝없는 그 참음으로
아름답다.

꽃은 5
— 그 이름만으로

날 바라보고
기분 좋은 사람들이 있어
나도 즐거웠다

가까이 다가와
향기를 들으며 평안을 얻는
사람들이 있어
나도 기뻤다

함께 데리고 가
사랑하는 이들에게 선물로
안겨주는 사람들이 있어
나도 흐뭇했다

목숨이 다하면
조용히 세상을 떠나
누구도 날 기억하지 않아도

꽃이었다는 그 이름만으로
나는 참 행복했다.

꽃은 6
— 꽃의 속성

목숨을 지니고 사는 것들의
운명적 비애는 그림자다.
외롭다거나, 쓸쓸함 혹은
결코 떼어 낼 수 없는
삶의 아픔 따위의
어두움

그러나
그대, 잊지 말라
세상에 슬픈 꽃은 없나니

꽃의 속성은
언제나 빛을 바라보며
밝은 것을 생각한다는 것이다
기쁨이라거나, 위로 혹은
감사와 행복 같은
따뜻하고
환한 사랑.

꽃은 7
— 그대가 있어

너는 네 웃음으로 웃고
나는 내 향기로 웃는다
네가 너의 빛깔로 씨앗을 맺을 때
나만의 색으로 나도 열매를 보듬는다

수많은 우리들 중에 어느 누가
어느 제단의 기도가 된다 해도
어여쁜 신부의 꽃다발이 된다 해도
외로운 무덤의 위로가 되더라도
어느 시인의 병실에 기쁨이 된다 해도

우린 말없이
그 친구를 축복 해주지
참 잘했다고,
참 감사한 일이라고
그대가 있어 우리는 행복했었다고.

꽃은 8
― 꽃이 되어

숨이 멈춰버릴 만큼
그리움이 벅차올라도
나는 생각으로만
너에게 간다

행여 내가 보고 싶다면
언제든 달려오렴
뼛속까지 다 열고
너를 맞으마.

꽃은 9
― 우리는

우리는 다
사랑해야 할 사람들입니다
스스로의 빛깔을 찾아
세상에 단 하나뿐인
그 빛으로 고왔던
시간들을 품고
떠나야만 합니다

그리고 우리는
다 잊혀져야 할 사람들입니다.

꽃은 10
— 위로자

나도,
며칠을 못 살고
떠나야 하는 목숨이지만
슬프지 않아요
아니, 슬퍼할 시간이 없어요
열심히 산다는 건
나를 나 되게 하는 일이며,
햇살과 물과 바람에 대한 의무이고,
뿌리와 줄기, 잎에 대한 도리 아니예요?
당신도 오늘 고생하셨어요
참 많이 애쓰셨습니다
기운을 내세요
돌아와 하루의 끝에서
바라보는
꽃은

누구에게나 위로자,
꽃은 성령聖靈이다.

꽃은 11
— 천국

벽옥碧玉의 성곽
정금正金의 성城
녹보석, 홍마노, 비취옥, 자수정
열두 가지 보석의 그 성
열두 번의 진주 대문을 지나면
눈부신 정금의 길
그 길 가운데로 흐르는
맑은 생명수의 강
달마다 열두 가지 열매를 맺는
생명나무들
요한*이 본 그곳에는 분명,

열두 보석보다 더 눈부신
열두 열매보다 더 많은 꽃이 피는
꽃의 숲도 있겠지?

* 요한 : 신약성서의 맨 끝 책인 요한계시록의 저자

꽃은 12
— 네 송이 꽃

윤가尹家네 네 자매가
이른 봄 어느 식당에서 점심을 먹다.
우리가 한자리에서 밥 먹는 거
얼마만이지?

한 꼬투리 속의 콩들이었던 우리는
예서제서 뿌리를 내려
서로가 다른 성姓의 가족들을
섬기며 사는 사이
강산은 세 번씩이나 변해 가는데
참 오랜만에 허리띠를 풀고
경쾌하게 웃는다

오늘은 모든 말이
웃음이 되고, 꽃잎이 되어
여린 봄볕 속에 스미고, 더러는
늦봄인 우리들에게 도로 날아들어

신선한 네 송이 꽃이 된다.
장미꽃이 가득 그려진 신문지 위에서
따스한 눈빛으로 여태껏 바라보고 있던
두 줄의 광고가 맞장구를 친다

― 꽃 한 송이 핀다고 봄인가요,
　다 함께 피어야 봄이지요.

‖ **책장을 닫으며** ‖

1981년 3월 15일 제1시집 『나무 오른편에서』가
세상에 나왔었다.
"절실한 고통,
 조그만 행복,
 사랑의 조각들"
을 적어서 펴낸다고 적혀있다.
셋째를 낳고 선물로 얻은 것이었다.
그러나 지금 생각하니 참으로 큰 용기였다.

그것을 시작으로
자의반 타의반 겁 없이 시의 세계에 뛰어들어
일곱 권의 시집을 갖게 되었으니 말이다.

그러는 사이 세월은 도둑같이 흘러 35년이 지나버렸다.
그리고 나는 종심從心을 맞게 되었다.
낮의 세월이 지나고 이제는 밤의 세월이 된 것이다.
살아온 길을 뒤돌아보며 나이만큼의 시를 고른다.
마음속에 마침표가 떠올랐다.

‖ 채운 윤월로 (彩雲 尹月老)

  1947년 9월 26일 부여군 홍산면 남촌리에서 윤공섭 님과 백숙기 님의 2남4녀 중 맏이로 태어나, 교직에 계셨던 아버지의 오랜 근무지 충남 강경에서 대부분의 청소년기를 보내고 공주에서 대학을 나와, 대전여자고등학교와 충남기계공업고등학교 등지에서 30여년을 봉직하며 시와 수필을 썼다.

  1999년 교단을 나와 대전문협의 일을 돕기 시작하며 문학의 일에 좀 더 열심을 냈다. 2012년 막내이자 셋째인 강원의 결혼까지 끝내고 2013년 뜻밖에 난소암 환자가 되어 투병과 함께 오늘에 이르렀다.

시 집 『나무 오른편에서』 대륙출판사 (1981년)
       『임』 호서문화사 (1987년)
       『생각나셔요, 아버지』 도서출판 분지 (1993년)
       『삶의 소묘』 도서출판 책동네 (1997년)
       『진주가 되고 싶은 날』 오늘의문학사 (2003년)
       『꽃이라는 이름만으로도』 오늘의문학사 (2007년)
       『오늘, 그 축복의 노래』 오늘의문학사 (2012년)
수필집 『안단테로 걷는 산책길』 문예출판사 (1995년)
       『머루헌의 누운향나무』 도서출판 POC (2005년)
       『활짝 피어라 노랑장미』 도서출판 문화의힘 (2012년)
시선집 『밤의 정화』 이든북 (2016년)

이메일 : yun-5577@hanmail.net

이든기획시선 001

밤의 정화(淨化)

찍 은 날	2016년 09월 22일
펴 낸 날	2016년 09월 26일

지 은 이	윤월로
펴 낸 이	이영옥
펴 낸 곳	도서출판 이든북
등록번호	제2001-000003호

주 소	(우34625)대전광역시 동구 태전로 43-1 (중동. 의지빌딩) 201호
전화번호	(042)222-2536
팩시밀리	(042)222-2530
전자우편	eden-book@daum.net

ⓒ윤월로, 2016

ISBN 979-11-958684-2-1 03810

값 12,000원

* 잘못된 책은 바꾸어드립니다.
* 지은이와의 협의에 의해 인지는 생략합니다.

Printed in Great Britain
by Amazon